LE PILORI

M. PIERRE TASSIN

QUELQUES NOTES

Sur les « Docks de Marseille »

PAR GEORGES FOUCHER

Rédacteur en chef de l'IMPARTIAL

BLOIS

IMPRIMERIE R. MARCHAND, RUE HAUTE, 2.

1885

LE

PILORI

Sous ce titre, et sous la signature « Vaughan », l'*Intransigeant* a publié, sur trois de nos députés de Loir-et-Cher, des notices que nous avons reproduites, sans commentaires, dans l'*Impartial*.

Ces notices ont paru courtes à nos lecteurs ; ils s'en plaignent; nous allons essayer de les compléter.

Commençons par allonger la notice consacrée à M. PIERRE TASSIN, en débutant par l'épisode de Marseille, beaucoup trop ignoré des amis de M. Tassin, et même de ses adversaires.

*
* *

Tout d'abord, il n'est pas exact de dire, comme l'a fait notre confrère et ami, M. Vaughan, que le Gouvernement ait destitué M. Tassin de la concession qu'il avait obtenue du Conseil municipal de Marseille, — et ce, pour donner satisfaction aux *réclamations* de 850 négociants, et de plus de 20.000 travailleurs.

On va voir comment s'est produite cette déchéance.

Mais il suffit de se reporter au rapport de M. Rouvier, sur le projet d'établissement de Ports-Sud, à Marseille, pour se convaincre que ces réclamations, qui visaient plus particulièrement le monopole des Docks-Nord (Docks de la Joliette), n'ont point ému le Gouvernement, qui a soutenu jusqu'au bout, avec M. Rouvier, le projet des Ports-Sud, favorable aux combinaisons de M. Tassin.

C'est par la Chambre des Députés que ce projet a été définitivement écarté.

Ce qui est certain, c'est que les projets de M. Tassin, *ancien président des Portefaix* de Marseille, qui affichait la prétention d'installer, à son profit, un monopole rival de celui des Docks de la Joliette, avaient soulevé contre lui, outre la corporation des portefaix, tous les négociants et les ouvriers des ports, — qui l'ont accusé hautement de les avoir dupés.

On peut, à cet égard, consulter :

1° Un mémoire adressé aux sénateurs et députés, par les ouvriers des ports de Marseille, à la date du 10 avril 1878 ;

2° Une lettre de M. Tassin lui même, adressée, le 2 mai 1878, à la *Gazette de France*, lettre dans laquelle il se défend d'avoir corrompu MM. Gambetta, de Freycinet, de Girardin!!, et où il trouve l'occasion de décerner à M. de Freycinet un brevet d'honorabilité (on reconnait bien là l'aplomb du bonhomme);

3° Les trois numéros de la *Gazette de France* des 7, 14 et 18 mai 1878, — le dernier de ces trois numéros renfermant une nouvelle lettre de M. Tassin, dans laquelle il pousse l'outrecuidance jusqu'à dire « qu'il avait surtout compté sur le concours de *la classe ouvrière* » de cette classe ouvrière sur le travail de laquelle il entendait prélever un tribut de 25 0[0 ! de cette classe ouvrière, dont la lettre suivante, adressée aux députés des Bouches-du-Rhône, exprime bien les sentiments vis-à-vis de M. Tassin :

« M. Tassin, avec qui nous avons « eu plusieurs entrevues, nous avait « toujours affirmé que la liberté la « plus entière serait laissée aux ou- « vriers des ports, dans les Docks dont « il sollicitait le monopole; il nous « avait assuré que nous n'aurions pas « à payer la redevance prélevée sur « notre travail, ses docks étant, disait- « il, les *Docks de la Liberté* !

« Nous eûmes la naïveté d'ajouter
« foi à son langage.

« Quelle ne fût pas notre désillusion,
« en apprenant que le Conseil munici-
« pal appliquait aux Docks-Sud le ca-
« hier des charges des Docks-Nord, et
« que M. Tassin se bornait à réduire
« à 25 0[0 (au lieu de 33 0[0) le tarif de
« la redevance à payer, pour avoir le
« droit d'exercer notre industrie sur
« des quais qui sont construits avec
« l'argent de l'Etat, avec l'argent de
« tout le monde ! »

Les ouvriers délégués exposent ensuite, dans cette lettre, qu'ils ont demandé audience à la municipalité de Marseille, qui ne consentit pas à écouter leurs doléances.

Pourquoi ce refus ?

Oh ! c'est que, pour mener à bout sa détestable entreprise, M. Tassin n'était pas seul !

Il avait pour soutiens, dans le Conseil municipal, des membres influents, grands partisans des *Docks de la Liberté*, (avec tribut de 25 0/0), dans lesquels il y avait des places à offrir et à prendre.

On comprend que ces hommes étaient convaincus, et que leur siège était fait.

C'est ce que va démontrer le compte-rendu de la séance du Conseil municipal de Marseille, du 20 avril 1878.

Pour bien comprendre ce qui s'est passé à cette séance, il faut savoir que le Conseil était saisi, par le colonel Deshorties, d'un projet de port, qui ne faisait pas du tout, — oh ! mais, pas du tout, — l'affaire de M. Tassin, car il devait être construit loin des terrains destinés, par lui et ses compères, à l'établissement des fameux *Docks de la Liberté*.

M. Deshorties ajoutait à son projet une demande de concession de DOCKS, *dans lesquels le travail serait entièrement libre*.

Il fallait donc à tout prix, pour M. Tassin, évincer les projets Deshorties.

Toute cette histoire était bien connue de M. Cantagrel, député de la Seine, lorsque, dans la séance de la Chambre du 28 février 1880, il prononça un discours qui fût, on peut le dire, le signal de la débâcle des combinaisons de M. Tassin, et le commencement de sa déchéance.

Après avoir critiqué les principales dispositions du projet des Ports dressé par le Gouvernement, et pris quelque peu à partie le rapporteur, M. Rouvier, l'honorable M. Cantagrel, changeant brusquement de thèse, s'exprimait ainsi : (Voir le *Journal Officiel* du 29 février 1880.)

« A côté de ces raisons qui tiennent au projet en lui-même, j'ai une autre raison qui fait que je ne voterai pas ce projet, si je n'obtiens pas du Gouvernement une réponse catégorique sur un point qui m'intéresse vivement et qui vous intéresse tous. »

Et alors, s'emparant du rapport de M. Rouvier, M. Cantagrel fait l'historique des « plaintes du commerce de Marseille contre le monopole des Docks de la Joliette, où les ouvriers des ports ne peuvent travailler dans l'enceinte du dock sans payer à celui-ci une redevance de 33 0/0 du tarif, alors même qu'ils n'empruntent au dock ni engin de débarquement, ni abri, ni hangard.....

« Oui, malgré les prescriptions formelles de la loi du 22 avril 1791, qui déclare que tout propriétaire ou consignataire de marchandises peut employer en douane tels ouvriers qu'il juge à propos de choisir, les ouvriers libres ne peuvent faire aucune opération à l'entrepôt réel, les docks qui ont le privilège de l'entrepôt se réservant de faire faire ces opérations par leurs propres agents à l'exclusion de tous autres...

« Dès 1864, une pétition signée par 850 négociants protestait contre cet état de choses, et cette protestation a été signée par 20,000 ouvriers.

« En 1878-1879, le Conseil général, le Conseil d'arrondissemet et le Conseil municipal protestent à leur tour......

Ces vœux des corps locaux, alors transmis par le préfet, n'ont pas eu plus d'effet que les pétitions de 1864.

« Votre commission, ajoute le rapport, ne peut que s'associer à ces légitimes réclamations, et elle attend du gouvernement qu'il y soit donné suite. »

« Comment, s'écrie alors M. Cantagrel, vous attendez !... Quoi ! Sur une question si grave, — la liberté du travail, — qui intéresse les grands principes de la Révolution française, la Commission n'a pas demandé au ministre de lui faire une déclaration formelle !

« M. Varroy, *ministre des travaux publics*. — Je demande la parole. »

M. Cantagrel continue, et, malgré les interruptions du rapporteur, il maintient que « le devoir de la Commission était de demander au ministre spécial quelle était son opinion, et non pas seulement son opinion personnelle, mais l'opinion du Gouvernement, afin de savoir si le Gouvernement avait l'intention, *sur les nouveaux ports du sud*, au cas où ils seraient construits, d'éviter l'abus, l'illégalité qui scandalisent tous les jours les Marseillais sur les ports du nord ; afin de savoir, enfin, ce que ferait le Gouvernement quant à cet abus criant, en ce qui concerne les ports du nord eux-mêmes.

« Je reproche à la Commission de ne pas l'avoir fait, car, si elle l'eût fait, le ministre aurait consulté ses collègues, et il serait venu dire à la Commission ce qu'il se propose de faire, et la Commission l'eût constaté. »

« M. Gatineau. — Ce point n'a aucun rapport avec l'ajournement. »

« M. Cantagrel. — Ce point a si bien un

rapport avec l'ajournement, que, pour ma part, il constitue une raison de plus de renvoyer le projet à la Commission. En ce qui me concerne, sur cette question si grave, je me trouverais arrêté, je ne voudrais pas voter ce projet si j'avais la moindre crainte que, ces nouveaux travaux exécutés, le quai livré au commerce, les abus qui ont lieu sur les ports du nord continuassent à se produire sur les ports du sud. Et voilà pourquoi je demande l'ajournement. »

Alors M. Varroy, *ministre des travaux publics,* monte à la tribune. — « Je ne viens pas, dit il, répondre aux reproches que l'honorable M. Cantagrel a faits au projet de loi... Je laisserai ce soin à M. Rousseau, directeur de la Navigation et des Ports.

« Mais je crois devoir faire, sans tarder plus longtemps, une réponse catégorique à la question qui a été posée par l'honorable député, à la fin de son discours.....

« Les surfaces nouvelles de quais à créer par l'Etat à ses frais autour des nouveaux bassins du sud, sont libres de tout engagement, et j'ajouterai que si, dans l'avenir, l'intérêt public venait à exiger la construction de docks autour de ces bassins, la loi offre toutes les garanties pour que les intérêts de tous soient sauvegardés et respectés.

« Voici, en effet, ce que dit la loi du 27 juillet 1870 :

« Tous les grands travaux publics, les routes
« impériales, canaux, chemins de fer, canalisa-
« tion des rivières, bassins et docks, entrepris
« par l'Etat ou par les compagnies particulières,
« avec ou sans péage, avec ou sans subside du
« Trésor, avec ou sans aliénation du domaine
« public, ne pourront être autorisés que par
« une loi rendue après enquête administrative. »

« Messieurs, il me semble que, dans un tel

texte, par lequel tous les intérêts sont garantis, il y a la réponse la plus nette et la plus catégorique aux observations et aux préoccupations de M. Cantagrel. »

Cette réponse de M. Varroy était insuffisante ; mais elle a été plus tard complétée par MM. Rousseau et Sadi-Carnot, et confirmée par M. Varroy lui-même.

***

A compter de ce moment, M. Pierre Tassin, malgré les enchevêtrements de ses intrigues, pût prévoir que sa concession branlait dans le manche. Où était-il, au moment où la Chambre s'occupait de lui d'une façon si honorable ?

Demandait-il la parole ?

Ah ! bien, oui ! Et pourquoi l'eut-il demandée ? Son nom n'avait été prononcé ni par M. Cantagrel ni par M. Varroy.

Mais voici M. Haëntjens, muni du procès-verbal de la séance du Conseil municipal de Marseille, du 20 avril 1878, et qui va distiller goutte à goutte, sur notre malheureux banquiste de Noyers, des flots de lumière et..... d'amertume.

« Nous avons reçu, dit M. Haëntjens, un document qui nous paraît exact : c'est un procès-verbal d'une séance du Conseil municipal de Marseille.

« Le groupe de députés auquel j'appartiens a

été extrêmement frappé de la lecture de ce document. Comme le nom d'un de nos honorables collègues s'y trouve cité, je serai très sobre d'observations (Parlez ! parlez !)

« J'ai cherché, depuis le peu de temps que j'ai eu connaissance de cette pièce, à en avoir le texte officiel. Je l'ai demandé d'abord à M. le Ministre des Travaux publics, qui m'a répondu qu'il ne l'avait pas. Je l'ai demandé ensuite à M. le Ministre de l'Intérieur, qui m'a répondu qu'il était entre les mains de M. le Ministre des Travaux publics (Rires à droite).

« Bref, comme on m'a affirmé qu'il était exact, je crois devoir en faire part à la Chambre. Le voici :

« M. Deshorties, dont on a parlé ici, demandait la concession de docks au Conseil municipal de Marseille.

M. Desservy, *l'adjoint*, représentant de l'autorité, s'exprimait ainsi, dans la séance du 20 avril 1878 :

« Il semble ressortir de la demande faite par M. Deshorties, de surseoir à toute délibération jusqu'à ce que ses propositions aient reçu une solution de la part du Ministre des Travaux publics, que c'est un système, de la part des compagnies rivales des Docks-Sud, d'en empêcher la création.

« Il s'agit de savoir si le Conseil est disposé à se prêter à de pareilles manœuvres et s'il préfère surseoir indéfiniment, en courant le risque d'éventualités qui restent toujours à l'état de promesses, ou statuer en faveur d'un projet immédiatement applicable, *pour lequel M. Tassin se fait fort d'obtenir l'autorisation ministérielle à bref délai.*

« Vous comprenez, Messieurs, fait observer M. Haëntjens, que l'autorisation ministérielle de créer des docks, du côté du port-sud, entraînait forcément la création de ce port-sud. »

Et malgré les protestations de MM. Bethmont et Rouvier, M. Haëntjens continue sa lecture :

« M. le rapporteur (Desservy) ajoute qu'il a préparé un cahier des charges, dans le cas où le Conseil serait d'avis de passer outre sur les propositions de M. Deshorties et de délibérer sur celles de M. Tassin.

« M. Gélu fait remarquer que M. Deshorties ne se présente que lorsque M. Tassin vient à Marseille ; c'est ce qui se produit cette année ;

« M. Coquand (secrétaire du Conseil) croit devoir dire que le projet de M. Deshorties date de 1864, que déjà, à cette époque, il en a saisi le Conseil municipal.

« M. Gélu. — D'accord ; mais depuis il ne l'a pas fait revivre.

« M. Coquand. — Depuis 1864, M. Deshorties a fait des démarches pour l'approbation de ses projets en haut lieu. Il n'a pas encore réussi ; *mais M. Tassin, avec lequel nous avons passé un traité éventuel, il y a un an, n'a pas réussi non plus, pendant ce laps de temps, à faire adopter ses projets par le ministre.*

« La demande de M. Deshorties, de surseoir pendant six mois, est repoussée à l'unanimité.

« M. DESSERVY, premier adjoint et rapporteur, propose de voter l'article 1er, ainsi conçu : La ville de Marseille cède à M. Tassin, *à titre définitif*, la concession éventuelle des docks du sud, à la condition par lui d'accepter les conditions du cahier des charges.

« Quelques protestations s'élèvent contre la mise aux voix de l'article 1er. M. DESSERVY *déclare ne pas insister pour qu'on le vote séance tenante.*

« Une commission spéciale est nommée pour étudier le cahier des charges, et la délibération définitive ajournée au 24 avril.

« Immédiatement après ce vote, M. Desservy demande à faire une proposition au Conseil. Il expose que, *dans une entrevue qu'il vient d'avoir, à l'instant même, avec M. Tassin, qui attendait,* DANS UNE SALLE VOISINE, *le résultat de la délibération, et auquel il avait fait part des résolutions adoptées par le Conseil, celui-ci, craignant que la Compagnie Paris-Lyon-Méditerranée ne lui suscitât une apparence de concurrence d'ici à mercredi prochain, désirerait que, contrairement à ce qu'il avait statué, le Conseil, au lieu de subordonner la rétrocession des docks-sud à la rédaction du cahier des charges, qui doit être élaboré par la Commission spéciale, et à son acceptation préalable par le demandeur ; que le Conseil municipal le déclare, lui,* TASSIN, *concessionnaire* DÉFINITIF, *sauf à discuter après les conditions du cahier des charges.*

« M. COQUAND, secrétaire du Conseil municipal, déclare alors que la Ville, au lieu d'entraver la concurrence dans une affaire de l'importance de celle dont ses mandataires s'occupent en ce moment, a tout intérêt à ce qu'il se présente le plus grand nombre de demandes possible, et, tout en reconnaissant la valeur des propositions de M. Tassin, qui ont toutes ses sympathies, il ne balancerait pas un seul instant à donner la préférence à d'autres projets qui offriraient une satisfaction plus large aux finances de la Ville, *qui ne lui paraissent pas avoir été défendues d'une manière proportionnelle aux avantages que la Compagnie des nouveaux docks est appelée à retirer de la concession..* »

M. GATINEAU. — Quelle est la date de cette séance ?

M. HAENTJENS. — 20 avril 1878. Et la concession des docks a été donnée quatre jours après, le 24 avril !

Je veux m'abstenir de toute réflexion ; je demande toutefois à M. le ministre des travaux publics s'il y a *connexité* ou seulement *parallélisme* entre les deux projets : le projet des docks-sud de Marseille et le projet de ports soumis en ce moment aux délibérations de la Chambre.

A ce moment, M. ROUSSEAU, commissaire du Gouvernement, prend la parole. Il se garde bien de répondre aux questions indiscrètes de M. Haëntjens. Il se borne à s'expliquer sur la concession faite.

« Par une loi du 10 juin 1854, portant échange de terrains entre l'Etat et la Ville de Marseille, le Conseil municipal de Marseille avait reçu le droit de concéder un ou deux docks à son choix. Il a fait une première concession, approuvée par arrêté ministériel du 5 novembre 1856, à la Compagnie Paulin Talabot. Ce dock a été établi et il fonctionne. Il a donné lieu à des critiques sur lesquelles je n'ai pas à me prononcer... Mais ce n'était toujours qu'un seul dock. Par une délibération qu'il a prise, et sur laquelle l'administration ne s'est point prononcée (heureux pays où l'administration ne se prononce sur rien !), le Conseil municipal a fait la concession du second dock.

« Mais, comme M. le Ministre vient de vous le dire, aucun dock ne peut être concédé qu'en vertu d'une loi, et l'administration a réservé absolument sa liberté d'action, à l'égard de cette concession... plus ou moins *provisoire*, qui ne peut devenir définitive qu'après avoir été ratifiée par vous. »

Donc, la concession *définitive*, obtenue à Marseille, n'est déjà plus que *provisoire* à Paris !! Patience jusqu'au bout !

On remarquera que, dans tout ce qui précède, il n'a pas été dit un mot pour infirmer ou atténuer les détails scandaleux du procès-verbal du 20 avril 1878.

Scandaleux, disons-nous, et pourtant M. Haëntjens a fait grâce à la Chambre du paragraphe final de ce procès verbal, ainsi conçu :

« M. Coquand termine en disant : *qu'en sa qualité* de secrétaire, il ne pourrait consentir à sanctionner par sa signature un procès-verbal qui contiendrait la mention : qu'à la suite d'un avis *extra municipal*, — pour ne pas dire une injonction venue du dehors, — et d'une *entente* survenue entre le rapporteur et M. Tassin, dans le cours même de la séance, le Conseil aurait à revenir sur ses décisions déjà prises et arrêtées. — Si la majorité voulait suivre la voie dans laquelle on cherche à l'entraîner, sa conscience lui dicterait de se démettre de sa fonction de secrétaire et de prier ses collègues de procéder immédiatement à son remplacement. »

On a vu que, durant cette séance du Conseil municipal, M. Tassin se tenait *dans une pièce voisine*, où le rapporteur, M. Desservy, allait prendre ses instructions.

Où se tenait donc le député de Noyers, pendant la lecture du procès-verbal de cette même séance, devant la Chambre des députés ?

Il était encore *dans une pièce voisine*, où ses amis Deniau et de Sonnier le renseignaient, à tour de rôle, sur les diverses phases du procès qui s'instruisait contre lui !

Il errait dans les couloirs !

Il était partout, sauf à son banc !

Et pas un mot pour se justifier, pour

s'excuser, pour faire amende honorable !

*
* *

Il s'est pourtant trouvé, à la Chambre, un député, grand partisan, lui aussi, des *Docks de la Liberté,* pour plaider en faveur de M. Tassin. C'est M. Bouchet, député de Marseille, — condamné, le 11 mars dernier, à quatre mois de prison, pour sa participation à l'affaire du *Zodiaque.*

Mais, même cette plaidoierie, M. Tassin ne l'a pas entendue.

Il se dissimulait toujours dans une pièce voisine.

M. Bouchet avait eu le temps de refléchir, avant de prendre la défense de M. Tassin, et l'on va voir comme il a su le faire en termes pleins d'une prudente réserve.

C'est, en effet, dans sa séance du 1er mars 1880, que la Chambre, statuant sur le projet de Ports-Sud présenté par le Gouvernement, avait décidé de passer à une seconde lecture, et c'est seulement le 10 février 1881, — un an plus tard, — que cette seconde lecture fût abordée.

Or, c'est dans la quatrième et dernière séance consacrée à cette discussion, que M. Bouchet se hasarda en ces termes :

« Je tiens à dire à la Chambre que, si l'on a fait impression sur elle en parlant de certains membres, toutes ces imputations sont à côté de la vérité des faits. Qu'il me soit permis, Messieurs, de répéter le nom d'un de nos honorables collègues que je suis heureux, quant à moi, de compter parmi mes amis. On vous a dit que M. Tassin avait un intérêt direct dans les ports de Marseille, pour arriver ensuite à la construction des Docks-Sud. A un moment, en effet, M. Tassin, animé d'*intentions que je connaissais, et auxquelles j'applaudissais parce qu'elles étaient dans le sens du travail libre et des aspirations des travailleurs* marseillais, à un moment, dis je, M. Tassin a été concessionnaire des Docks-Sud de Marseille, *qui n'ont rien à voir dans cette discussion*, où nous nous occupons des ports et non des Docks. Or, depuis cette époque, M. Tassin s'est trouvé destitué de sa concession par le Conseil municipal de Marseille. »

Ainsi, M. Bouchet ne nie pas que M. Tassin eût un intérêt direct dans les ports de Marseille.

Mais « il avait de si bonnes intentions !... »

Certes, il est bon que tout accusé trouve un défenseur.

Mais quelle forte dose de courage, (*robur et aes triplex*), n'a-t-il pas fallu à M. Bouchet, pour prendre la défense de son ami Tassin ?

Quoi ! votre ami, dites-vous, était animé « *d'intentions dans le sens du travail libre* ? »

Mais vous n'avez donc pas lu, dans la *Gazette de France*, les lettres de M. Tassin, défendant mordicus sa prétention de prélever 25 0[0 sur le travail des ouvriers des ports !

Mais vous n'avez donc pas entendu, la veille même du jour où vous prononciez votre plaidoyer, c'est-à-dire dans la séance du 18 février 1881, ce que disait M. Labadié !

Ecoutez :

« M. Labadié. — Puisque je suis forcé d'entrer dans ces détails, je dirai qu'en 1877, lorsque M. Tassin vint à Marseille et qu'il se rendit dans les cercles républicains pour réveiller cette question des ports Sud, c'est M. Bouchet qui l'accompagnait. Ils ont créé ainsi un mouvement d'opinion qui, petit à petit, a gagné le Conseil municipal ; et c'est ainsi que celui-ci, — à qui l'on avait fait entrevoir, comme on le faisait aussi dans les cercles, la question de la *liberté du travail*, — fut amené à retrocéder à M. Tassin un privilège pour les Docks-sud, qui était exactement le même que pour les Docks-nord, c'est-à-dire un véritable monopole. »

Vous n'avez donc pas entendu M. Cantagrel interrompant pour s'écrier, au milieu des rires ironiques de l'Assemblée : « Oh ! ce n'était pas 33 0[0 qu'on se proposait de prendre sur le salaire des ouvriers ; c'était seulement 25 0[0, — un prix modéré » ! !

Enfin, vous n'avez donc pas entendu votre ami Tassin lui-même, — qui, par exception, se trouvait à son banc, balbutier ces mots, les seuls qu'il ait prononcés, au cours de ces longs débats : « *C'était pour faire concurrence à la Com-*

pagnie de Paris-Lyon-Méditerranée » ! !

Vous l'entendez bien : on n'est pas plus inconscient ; on n'est pas plus dénué de sens moral, on n'est pas plus cynique ! Il ne dit pas : « J'avais des intentions pures ; j agissais en vue de la liberté du Travail. » Non ; il dit : « *Je voulais faire concurrence à la Compagnie de Paris Lyon-Méditerranée* » ! !

Oui, ce citoyen libéral et généreux, ce patriote intègre consentait, « pour faire concurrence à Paris-Lyon-Méditerranée », à *gagner des millions, en vertu d'un monopole monstrueux et illégal.*

Et il en convenait, en pleine Assemblée !

Et, par cet aveu, il désavouait d'avance tout le plaidoyer de M. Bouchet !

Des millions ! Ah ! oui, il en a rêvé, des millions !

Il s'agissait, pour lui, d'abord, de fonder, au capital de 10 ou 12 millions, une *Société des Docks-Sud,* sur des terrains appartenant soit à lui, soit à ses compères : jugez des calculs qu'il faisait !

Vous dites, monsieur Bouchet, — espérant nous donner à croire que M. Tassin est sorti de là les mains nettes, — vous dites que « depuis cette époque, il s'est trouvé destitué (de force, bien entendu) de sa concession, par le Conseil municipal de Marseille. »

Ah! vous faites bien d'essayer de passer l'éponge sur les tripotages qui ont accompagné les préparatifs de l'affaire ; mais vous n'ignorez pas qu'il en a rejailli des éclaboussures jusques à la tribune, la veille même du jour où vous présentiez la défense de l'accusé Tassin !

Ecoutons encore M. LABADIÉ :

« On vous a déjà parlé de la Commission d'enquête. Vous connaissez l'esprit qui l'animait ; elle prêtait peu d'attention aux projets autres que celui du Gouvernement... Un des membres de cette Commission, l'un des plus importants, car il est aussi membre de la Chambre de Commerce, M Albert Rey, président de la Société immobilière marseillaise, avait acheté, le 7 mai 1879, par acte passé devant Me Taxil Fortoul, notaire à Marseille, à M. Tassin, 20,000 mètres carrés de terrain, moyennant un prix de 200,000 francs.......

« Ces terrains avaient été vendus, je l'ai dit, par M. Tassin qui les avait achetés de la Compagnie anglaise, quelques mois auparavant, au prix de 5 francs le mètre carré. Et, sur ces 20,000 mètres; se trouve l'hôtel des Catalans, qui a été donné en quelque sorte par dessus le marché.

« L'administration de l'Enregistrement a trouvé que ce prix (10 fr. le mètre carré) était au-dessous de la valeur vénale ; *elle a signifié une requête en expertise à M. Tassin à cause de l'*INSUFFISANCE *du prix* (déclaré). »

Voilà donc, sur les millions rêvés, un à-compte de *cent mille francs,* tout au moins !

C'est peu, nous dira-t-on ? — Soit ! Mais ces cent mille francs ont permis à M. Tassin d'attendre le reste.

Et voilà ce que l'on peut gagner (gagner ?....) lorsqu'on est « animé d'intentions dans le sens du travail libre, » et surtout que l'on est assez avisé pour étaler aux yeux des gens un crédit imaginaire, et assez habile pour intéresser à ses plans ceux qui n'ont d'autre morale que de réaliser de gros profits !

Si encore M. Tassin avait employé une partie de ses bénéfices dans l'intérêt public !

Mais personne ne nous contredira, lorsque nous dirons qu'il a tout mis dans sa poche.

Non ! non ! la défense de M. Tassin n'est pas dans la phraséologie banale d'un avocat qui plaide les circonstances atténuantes en faveur d'un client qu'il sait par trop compromis !

Et M. Bouchet, qui n'a pu refaire à son ami une virginité en affaires, lui eût été certes bien plus agréable, s'il eût pu lui faire obtenir la concession qu'il désirait si fort, et qu'il a vu lui échapper.

Il n'y a, pour M. Tassin, qu'un éloge possible, c'est celui que faisait de lui, il n'y a pas longtemps, un de ses amis politiques, aussi dénué de sens moral que son copain, mais le connaissant bien. Ecoutez la formule :

« Vous direz de lui tout ce que vous voudrez ; *n'empêche que c'est un fameux roublard!* »

Si encore il n'était que roublard !

*
* *

Dans quelques mois, les élections vont avoir lieu.

D'ici là, nous aurons souvent l'occasion de parler de M. Tassin, — et nous n'y manquerons point, convaincu que nous sommes que la dégringolade de ce tyranneau est du plus grand intérêt pour le département de Loir-et-Cher et pour le parti républicain.

Nous nous sommes promis à nous-même de ne rien négliger pour faire connaître à tous le personnage sous toutes ses faces ; nous ne faillirons point à notre promesse.

Viennent les élections !

Nous ménageons au Tonkinois de Loir-et-Cher certaines surprises peu agréables..... pour lui, mais dont nous sauront gré tous les honnêtes gens qui attendent impatiemment l'heure de la délivrance.

Pour le moment, nous avons voulu seulement faire la lumière sur cette fameuse affaire des docks de Marseille, dont on parlait beaucoup, dans tous les camps, sans savoir au juste et d'une façon précise comment les choses s'étaient passées.

Nous espérons avoir atteint le but que nous nous proposions.

Cependant, et sans vouloir nous étendre ici, plus qu'il ne convient, sur le rôle néfaste joué par M. Pierre Tassin depuis le jour où il a su capter, pour la première fois, la confiance des électeurs, il ne nous est pas possible de terminer cette série d'articles sans rappeler combien est grande la mauvaise foi de cet homme, qui n'a jamais tenu aucune de ses promesses.

La trahison est inhérente à sa nature; il croirait mourir, s'il se montrait une seule fois fidèle aux engagements pris.

Elu député, pour la première fois, en 1869, grâce au concours de nos amis, son premier soin fut de se livrer pieds et poings liés à l'Empire ; il fut un des plus chauds amis d'Emile Ollivier, — l'homme au cœur léger, — fit voter **OUI**, lors du plébiscite, et assuma ainsi sa part de responsabilité dans la funeste guerre Franco-Allemande de 1870-71.

Il se garda bien, d'ailleurs, de prendre à cette guerre la moindre part active, et sût s'arranger de façon à demeurer tranquillement au coin de son feu, à l'heure de nos désastres, et alors que chacun prenait un fusil pour la défense de la Patrie.

Réélu en février 1871, comme partisan de la paix, mons Tassin prit le vent, comme un bon chien en quête, et flaira, sans beaucoup de peine, que le courant était à la République et que le pays ne tarderait pas à rejeter tous les partisans du régime déchu.

Avec une indépendance de cœur et de caractère qu'on ne saurait trop louer chez un homme politique, Pierre oublia l'Empire et l'Empereur, l'Impératrice et les bals de Compiègne, et cria sur les toîts sa foi républicaine.

Toujours de bonne foi, l'électeur se laissa prendre à ces manifestations par trop intéressées. De plus, notre homme eut la bonne fortune d'être combattu par les plus impopulaires du plus impopulaire des partis, c'est-à-dire MM. de Sers, de Rancougne, etc., les chefs de file du bataillon légitimiste.

Avec une habileté qu'il faut reconnaître, il profita de la circonstance pour se faire renouveler son mandat en 1876.

L'année suivante, il était un des 363 ; suivant la discipline établie, tous les républicains se réunirent sur son nom et le renvoyèrent à la Chambre.

A partir de cette époque, Tassin s'attacha à devenir le maître du département ; il imposa son autorité à tous les préfets qui se sont succédés à Blois, les tenant par l'appui qu'il rencontrait auprès des ministres, auxquels il promettait, en revanche, —

quels qu'ils soient, — ses votes en toutes circonstances.

C'est ainsi que, ministériel toujours et quand même, opportuniste et autoritaire avec Ferry, quasi-libéral avec un autre, intrigant toujours et s'imposant à tous, ce petit bonhomme a su se faire craindre, dans le département, de tous ceux qui dépendent du pouvoir, de près ou de loin.

Personne ne l'aime; mais, comme on le sait méchant et vindicatif, comme d'autre part il a disposé à son gré, pendant plusieurs années, de toutes les faveurs administratives, emplois, débits de tabac, etc..., personne, jusqu'à ces derniers temps, n'avait osé lever la tête, personne n'avait osé dire tout haut ce que tout le monde pensait tout bas.

Propriétaire du seul journal local se disant républicain, fort des attaques des réactionnaires, Pierre Tassin se crut inattaquable, et surtout invincible.

Il eut bien tort.

A force de despotisme, il finit par exaspérer tous les républicains honnêtes et indépendants, et, lorsque parut l'*Impartial*, ce fût, par tout le département de Loir-et-Cher, un immense soupir de soulagement, à l'idée qu'enfin il allait se trouver quelqu'un pour dire au tyran ses dures vérités.

Nous devons remercier M. Tassin ;

il nous a fait la partie belle : il a accumulé fautes sur fautes.

Croyant que le ministère Ferry ferait les élections, Tassin s'était livré, comme autrefois à l'Empire ; Ferry avait promis l'appui de l'administration et une part respectable sur les fonds secrets ; en revanche Tassin votait, votait encore, votait toujours, et sans demander d'explications, tout ce que demandait Ferry.

C'est ainsi qu'il a voté :

Contre l'élection du Sénat par le suffrage universel ;

Pour le maintien du budget des cultes ;

Pour la guerre du Tonkin.

Oui, tous les millions que nous aura coutés cette malheureuse guerre, *Tassin en est responsable*, comme aussi de la mort de nos soldats, de la désorganisation de notre armée.

Jusqu'au dernier jour il soutint de son vote le cabinet Ferry ; ce ne fût qu'après la défaite de Lang-Son, lorsqu'il vit Ferry perdu, qu'il le lâcha honteusement, oubliant qu'il s'était fait son complice.

Aujourd'hui, Tassin prépare son évolution vers le nouveau cabinet; nous croyons qu'il perd son temps ; le ministère Brisson est trop honnête pour accepter un pareil concours.

Pierre devra faire son élection sans l'appui des Préfets et Sous-Préfets; Pierre n'aura point de fonds secrets à dépenser, Pierre n'aura plus de bureaux de tabac à distribuer, et Pierre restera sur le carreau.

Ce jour là, la République n'aura plus rien à redouter dans Loir-et-Cher.

*
* *

Si nous nous sommes aussi longuement étendu sur le compte de M. Tassin, c'est qu'il est le mauvais génie de la députation de Loir-et-Cher, et qu'il entend diriger à sa guise ses collègues du département. Son nom est un drapeau : le drapeau de l'autoritarisme intrigant et tracassier. Tous les adversaires de la République démocratique et libérale le reconnaissent pour chef et se rangent sous sa bannière. Non seulement dans sa circonscription, mais même dans les trois autres, les opportunistes n'ont que Tassin en tête, et rien ne se fait sans qu'on se soit préalablement assuré de l'agrément du député de Noyers.

C'est pour cela que nous nous attaquons plus souvent à M. Tassin qu'à ses collègues ; c'est pour cela que nous ne lui ferons ni trève ni répit ; persuadé que nous sommes qu'il est l'incarnation du mal, et que le jour où il sera tombé, les adversaires de la République n'auront plus rien à espérer dans ce département.

C'est pour cela que nous n'insisterons pas ici sur ses satellites opportunistes, MM. Deniau et de Sonnier.

Il nous suffira de rappeler en quelques mots les appréciations d'un de nos grands confrères Parisiens sur ces complices de M. Jules Ferry.

*
* *

Avant d'être député, M. Deniau était courtier en vins à St-Claude.

Républicain modéré, M. Deniau a trahi la confiance de ses concitoyens en se mettant à la remorque de Tassin, dont il s'est fait l'homme, ou plutôt la chose.

C'est pour obéir à Tassin que M. Deniau, — après avoir écrit, dans son programme de 1881, que le Sénat devait être l'expression du nombre et du suffrage universel, **— a voté, l'année dernière, en faveur du suffrage restreint ;**

C'est encore pour obéir à Tassin qu'il **a voté la guerre du Tonkin ;**

C'est toujours pour obéir à Tassin qu'il a soutenu Ferry quand même, jusqu'au jour où, voyant Ferry perdu, Tassin a décidé de le lâcher.

Ajourd'hui, M. Deniau a beau raconter aux électeurs de St-Claude qu'il a signé la paix avant de quitter Paris.

On est malin, à St-Claude, et M. Eugène Deniau n'attrappera plus personne.

***

Quant à M. de Sonnier, tout le monde se demande pourquoi il a la prétention de siéger à gauche.

Non seulement il a voté, comme son ami Deniau, la **guerre du Tonkin** et **l'élection des Sénateurs au suffrage restreint;** il s'est en outre prononcé pour **le maintien du budget des Cultes et d'un ambassadeur auprès du Pape.**

Il réunit donc toutes les conditions voulues pour s'asseoir aux côtés de MM. Freppel et Baudry d'Asson.

Si les prochaines élections se faisaient au scrutin d'arrondissement, M. de Sonnier n'obtiendrait pas 5,000 voix dans cette circonscription de Vendôme qui lui donna, en 1881, plus de 13,000 suffrages.

***

Le scrutin de liste pourra lui faire accorder quelques voix en plus, là où il n'est pas suffisamment connu.

Mais le résultat sera le même.

Les électeurs, écœurés, sont dès aujourd'hui décidés à en finir avec ces hommes néfastes. Quel que soit le mode de scrutin, le Gouvernement nous a promis des élections loyales.

C'est dire que l'**opportunisme**, que le **parti de la Guerre**, que **les soutiens du Pape et du Clergé**, ne sauraient avoir aucune chance de succès.

GEORGES FOUCHER.

Blois, le 20 avril 1885.

Typ. et Lith. R. MARCHAND, Blois.

www.ingramcontent.com/pod-product-compliance
Ingram Content Group UK Ltd.
Pitfield, Milton Keynes, MK11 3LW, UK
UKHW021029260726
13994UKWH00005B/2036